AF253922

46
6
75

BORDEAUX

AU MOIS DE MARS 1815.

BORDEAUX

AU MOIS DE MARS 1815,

ou

NOTICE

SUR LES ÉVÉNEMENS QUI ONT PRÉCÉDÉ LE DÉPART

DE SON ALTESSE ROYALE MADAME,

DUCHESSE D'ANGOULÊME;

PAR M. DE MARTIGNAC FILS,

OFFICIER DE LA GARDE NATIONALE DE BORDEAUX,

AVEC DES NOTES DU GÉNÉRAL CLAUZEL.

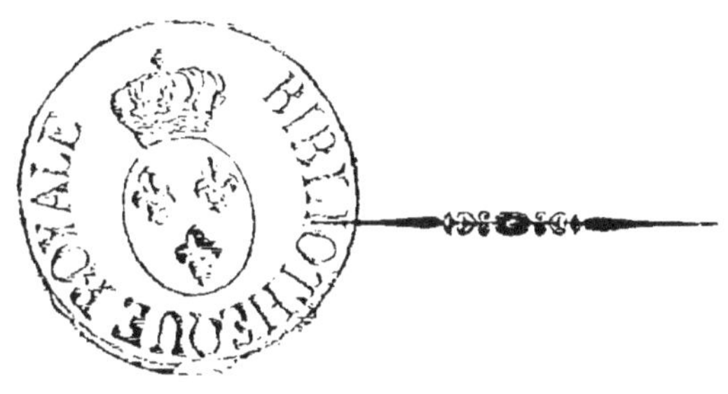

PARIS.

IMPRIMERIE DE FÉLIX LOCQUIN,

RUE NOTRE-DAME-DES-VICTOIRES, N. 16.

1830.

NOTE

DE M. LE GÉNÉRAL CLAUZEL.

Paris, 1830.

Des écrivains mercenaires et de mauvaise foi ont dénaturé les événemens qui se sont passés à Bordeaux en 1815. Ils y ont puisé le texte des calomnies les plus absurdes et les plus odieuses qu'ils n'ont cessé de répandre contre moi.

Jusqu'à ce jour j'ai gardé le silence, parce que le premier sentiment qu'on éprouve en face de ces honteuses manœuvres, c'est le mépris.

Mais puis-je me taire plus long-temps?....

Un journal, qui du reste ne se fait remarquer que par l'inconvenance et la grossièreté de ses expressions, n'a pas craint d'imprimer, il y a quelques mois, que *j'avais osé intimer à la fille de nos Rois l'ordre de quitter le sol français.*

Tout récemment encore, d'autres faiseurs de libelles, et particulièrement l'auteur collectif du Mémoire au Roi, ont fait connaître un propos sorti, disent-ils, d'une bouche auguste au sujet de mon élection (1).

Dans les circonstances actuelles, au milieu de tant de passions qui s'agitent, les calomniateurs parlent si haut, leur audace est

---

(1) On lit dans ce Mémoire : « Le Roi a dit, en apprenant la nomination du géné-
» ral Clauzel : *C'est un coup de canon tiré sur les Tuileries.* »

si grande et s'accroît tellement de jour en jour, que, malgré sa répugnance, l'honnête homme est forcé d'entrer en lice, et d'entretenir de lui le public.

Mon but est de mettre les hommes de bonne foi de tous les partis à même de porter un jugement sain sur des événemens déjà loin de nous, auxquels je ne puis empêcher que mon nom ne soit toujours rattaché, et dont la malveillance réveille le souvenir toutes les fois qu'il est question de moi.

Pour y parvenir, je n'ai pas eu besoin de composer un écrit justificatif; il me suffit de reproduire le récit de M. de Martignac, écrit pendant les cent-jours, et publié par lui lors de la seconde restauration.

Si j'ai cru devoir joindre quelques notes à ce récit, c'est que les faits exposés étant parfois tronqués, quoique généralement vrais, leur complément était indispensable pour les bien connaître.

L'attachement de M. de Martignac à la cause des Bourbons ne saurait être révoqué en doute, non plus que sa véracité, surtout quand il est question de la ville de Bordeaux à une époque si importante.

C'est d'après ce guide, qui ne peut être suspect, que je prie mes lecteurs d'apprécier et de juger. Ils connaîtront alors les faits; ils verront si le langage que me prêtent les libellistes est celui que j'ai tenu. Ils verront qu'il est impossible que le propos qu'ils osent attribuer à un auguste personnage, ne soit pas le résultat d'un mensonge insolent sur mon compte, et de quelque impudente calomnie contre les sentimens des électeurs qui m'ont honoré de leurs suffrages. Ils auront enfin la preuve que, devant Bordeaux comme partout ailleurs, ma conduite fut, sous tous les rapports, honorable et irréprochable.

N. B. Il est nécessaire de constater ici que le général Clauzel ne reçut le commandement de Bordeaux qu'après que le Roi fut sorti du territoire français, et qu'il lui fut permis de ne pas employer la force pour entrer en possession du gouvernement de la onzième division.

AVERTISSEMENT

DE M. DE MARTIGNAC.

Bordeaux, 1815.

La notice que je publie aujourd'hui a été rédigée dans les premiers jours qui ont suivi le départ de Madame. Je l'ai communiquée en manuscrit à un grand nombre de personnes, dans le milieu du mois d'avril; j'avais même l'intention de la livrer à l'impression. Mes amis s'y opposèrent, et la crainte d'exposer à des vengeances ceux de mes compatriotes que j'avais eu occasion de nommer, me détermina à suivre ce conseil. J'attendis un moment plus heureux : ce moment est enfin arrivé.

Cette notice est imparfaite en ce sens, qu'elle ne contient pas tous les détails qui se rattachent au tableau de cette époque funeste : elle ne renferme que les faits principaux que j'ai connus d'une manière positive; mais elle a cet avantage que tout ce qui s'y trouve est exact et fidèle. Ce sont des matériaux utiles pour l'historien qui entreprendra le récit général de nos derniers malheurs.

J'ai laissé mon ouvrage tel que je l'avais écrit et communiqué; je n'ai ajouté que quelques notes qui m'ont paru nécessaires. J'ai placé à la suite un court exposé de quelques faits postérieurs. Ces faits sont d'un médiocre intérêt, puisqu'ils me sont personnels; mais on y trouve quelques traits qui font assez bien connaître les protégés, ou les protecteurs du tyran déchu, dont l'ombre nous a effrayés quelques jours.

———

Les guillemets indiquent les passages du récit de M. de Martignac auxquels s'appliquent les notes du général Clauzel placées immédiatement après, en plus petits caractères.

BORDEAUX

AU MOIS DE MARS 1815.

BORDEAUX avait joué un trop grand rôle dans les événemens qui ont préparé et amené le rétablissement de la famille des Bourbons sur le trône de France, pour que sa conduite dans la nouvelle révolution qui a ramené Napoléon, ne dût pas appeler les regards, et pût être sans importance. Son dévouement, son exaltation pour la cause du Roi étaient connus et cités. La présence de MADAME avait encore enflammé les cœurs et les esprits : tout annonçait que Bordeaux donnerait l'exemple d'une résistance opiniâtre, et qu'il faudrait, pour le soumettre, des forces considérables, du temps et de grands efforts.

« Le général Clauzel s'est présenté devant cette ville
» avec deux ou trois cents hommes, et deux pièces de
» canon, et, après quelques heures d'opposition, les
» autorités civiles et militaires ont demandé un court
» délai, et lui ont annoncé le départ de la Princesse,
» qui, en effet, a quitté Bordeaux. »

Je ne me serais pas présenté devant Bordeaux avec une centaine d'hommes, venus d'abord à Cubzac pour me recevoir et m'escorter jusqu'à Blaye, si je n'y avais été appelé par la lettre des autorités de Bordeaux, qui me fut remise le 1er avril par M. de Martignac, sur la rive droite de la Dordogne, et si je n'avais été entraîné, d'autre part, à cette détermination par la certitude du danger que Madame courait d'être prise, et la ville d'être livrée à de grands malheurs. On ignorait chez Madame, à la municipalité, à la préfecture, et au quartier-général, les propositions qui *me furent portées le* 30, à Cavignac, et que je rejetai. On les ignore encore, et mon intention n'est certainement pas de les expliquer davantage.

Ces événemens si imprévus, ce dénouement si étrange et si prompt, doivent paraître extraordinaires, et peuvent laisser dans les esprits des impressions défavorables aux habitans d'une ville qui, jusque-là, s'était montrée avec quelque honneur.

« Je suis Bordelais : le hasard, le concours des cir-
» constances, m'ont placé de manière à tout voir et à
» tout connaître dans ces momens de crise et de trou-
» ble. Je peux mieux que personne raconter les faits,
» faire connaître la vérité tout entière, et je crois de mon
» devoir de conserver une tradition fidèle d'un événe-
» ment important dans notre histoire, et qu'on a jus-
» qu'ici complétement défiguré. »

Il est rare que les relations sur des événemens politiques ne contiennent pas des erreurs. Celle-ci n'en est pas exempte. Mais les faits qu'elle renferme sont généralement vrais, comme je l'ai déjà dit.

Je me crois d'autant plus obligé à remplir cette tâche que je m'impose, que les relations qui ont été publiées contiennent des erreurs qu'il m'importe essentiellement de détruire.

Je raconterai comme témoin tout ce que j'ai vu ou entendu ; je ferai connaître les sources où je puiserai les récits accessoires qui completteront ma relation.

Madame et Monseigneur le duc d'Angoulême arrivèrent à Bordeaux le 5 mars, et y furent reçus avec des transports qu'il n'est pas possible de décrire.

Le commerce et la ville avaient offert à Leurs Altesses Royales des fêtes qu'elles avaient acceptées.

La première eut lieu le 9 mars. Le duc d'Angoulême y assista avec MADAME, et personne ne remarqua en eux le plus léger trouble qui annonçât quelque sujet d'inquiétude.

Le lendemain 10 , on apprit avec le plus grand étonnement que le Prince était parti peu de momens après avoir quitté la fête.

Le motif de ce départ précipité fut d'abord ignoré; mais on fut instruit, dans le courant de la journée, que Bonaparte avait débarqué en Provence avec quelques centaines de soldats, et que cet événement avait déterminé Son Altesse Royale à se diriger sans délai de ce côté.

Cette nouvelle causa plus de surprise que d'inquiétude. On ne vit dans cette entreprise de Bonaparte que le dernier effort d'une rage impuissante, et on attacha peu d'importance aux bruits qui se répandirent sur ses premiers progrès. Le départ du Prince ne changea rien aux dispositions déjà faites pour le séjour des deux époux, et l'anniversaire du douze Mars fut célébré avec ivresse et avec enthousiasme. Il semblait que la possibilité d'un danger rendît plus vif et plus passionné l'amour qu'on éprouvait pour la fille de Louis XVI.

Cependant ce qui paraissait d'abord à peine digne de notre attention, commençait à la fixer tout entière.

L'entrée de Bonaparte à Grenoble, la conduite des premiers régimens qui s'étaient trouvés sur son passage, les justes craintes que donnait cet exemple, et enfin l'occupation de Lyon : toutes ces circonstances successivement apprises annoncèrent une grande crise et un danger certain.

L'ardeur, le dévouement des Bordelais, s'accrurent en proportion du péril; et la Princesse, qui était restée au milieu d'eux, fut souvent touchée jusqu'aux larmes des témoignages qu'elle en reçut.

Le Roi ayant appelé à la défense du Trône et de la Charte, et les gardes nationales, et les citoyens, une foule considérable d'habitans se fit inscrire au nombre de ceux qui étaient destinés à partir. Les hommes à qui leur âge ou leur position ôtaient la possibilité de suivre les mouvemens de leur cœur, voulurent au moins contribuer par des sacrifices pécuniaires à cette grande et sainte entreprise; et de nombreuses souscriptions furent faites par les citoyens de toutes les classes.

Il y avait là, sans doute, des élémens suffisans pour organiser une défense respectable, et capable de conserver, long-temps au moins, la ville de Bordeaux à son Souverain légitime. Mais ce n'était pas assez que d'avoir des matériaux : il fallait les mettre en œuvre avec habileté et avec promptitude; il fallait, pour les utiliser, des hommes fermes, expérimentés, et dont la volonté fût inébranlable.

Je n'ai l'intention d'accuser personne. Je crois que ceux que leurs fonctions appelaient à tout voir et à tout régler, étaient attachés à la cause du Roi, et désiraient la voir triompher (1); mais je ne saurais dissimuler que la plupart d'entre eux apportèrent à l'exercice de leur autorité une négligence ou une confiance dont les résultats ont été ensuite irréparables.

Les jours s'écoulèrent, et rien ne se fit. Il s'agissait de lutter contre un homme dans les mains de qui la promptitude et l'assurance sont les armes les plus dangereuses; et le temps se perdit en plans, en délibérations, en travaux d'organisation.

On apprit l'entrée de Bonaparte à Paris, et rien n'était prêt encore.

Cette nouvelle ne refroidit pas le zèle des habitans de Bordeaux; mais elle découragea ceux qui étaient chargés de le diriger, et dans les mains de qui résidait le pouvoir. La défection de la plus grande partie de l'armée et des généraux, et l'occupation de la capitale,

______

(1) L'opinion générale à Bordeaux était, dès la fin de mars, que le général Decaen avait trahi la haute confiance dont il était honoré. J'avoue que je ne partageais pas cette opinion, et que, malgré quelques raisons assez fortes de le soupçonner, je ne m'arrêtai pas à une idée dont ma raison et mon cœur étaient également révoltés. J'ai lu depuis une proclamation datée de Toulouse et signée Decaen. La lecture de cet affreux écrit a cruellement détruit cette illusion; et en qualifiant d'indignation et d'horreur le sentiment qu'elle m'a fait éprouver, je me reproche d'en adoucir beaucoup trop l'expression.

leur montrèrent la France entière soumise ou subjuguée, et leur firent voir, dans la résistance de Bordeaux, une tentative dangereuse, et sans espoir de succès.

Dès ce moment, je suis convaincu que les projets de défense trouvèrent, de leur part, plus d'obstacles que de secours, et c'est à ce calcul, que je n'attribue pas cependant à la déloyauté, que nous devons, en grande partie, ce qui a suivi.

Bordeaux avait alors une garnison considérable. Le huitième régiment de ligne y était tout entier ; il y avait en outre un bataillon du soixante-deuxième. (Les deux autres bataillons de ce dernier régiment occupaient la citadelle de Blaye.) Outre ces deux corps, Bordeaux renfermait un très grand nombre d'officiers à la demi - solde, qui s'y étaient réunis pour former un corps de volontaires royaux.

L'exemple qu'avaient déjà donné les troupes de ligne, et des motifs particuliers et graves, fesaient soupçonner fortement qu'on ne devait avoir aucune confiance dans les corps dont se composait la garnison. On avait plus que des doutes sur les dispositions de la troupe qui se trouvait à Blaye, et un nouvel incident confirma les idées que nous avions conçues à ce sujet.

Une compagnie de gardes nationales bordelaises ayant été envoyée à la citadelle, le commandant prit le prétexte d'un prétendu défaut de forme dans l'ordre dont le capitaine était porteur, et refusa de recevoir les hommes qu'il conduisait.

Pendant que cela se passait à Blaye, les amis du trouble ou les partisans de la révolution qui s'opérait,

cherchaient à semer la division entre la troupe de ligne
et la garde nationale. Ils essayaient de persuader à la
première qu'on avait l'intention de la désarmer, et ex-
citaient ainsi sa défiance et sa haine. Vainement les
gardes nationaux employaient-ils tous les moyens qui
étaient en leur pouvoir pour détruire l'effet de ces
insinuations perfides; les soldats répondaient à leurs
avances avec froideur, et conservaient dans leur cœur
et leurs soupçons et leur résolution déjà prise.

Nous étions alors au 23 mars. Jusqu'à ce moment,
je n'avais pas fait partie de la garde nationale; et, malgré
mon inscription en date du 13 mars, je n'avais reçu ni
ordre ni avis. Le moment de la crise approchait : je re-
nouvelai mon offre; elle fut acceptée, et M. le vicomte
de Pontac, colonel, m'attacha à son état-major, en
qualité d'officier d'ordonnance.

Le dimanche 26, une revue générale eut lieu dans
le jardin public. MADAME y vint : elle fut accueillie avec
des transports inexprimables. Un bataillon carré fut
formé : deux des côtés étaient remplis par la troupe
de ligne; les deux autres étaient composés de gardes
nationales. MADAME se plaça au centre. M. le général
Decaen adressa un discours (1) aux deux troupes, et des
cris de *vive le Roi!* y répondirent de toutes parts.

Les officiers et soldats de la ligne mirent plus de
chaleur dans leurs démonstrations qu'il ne l'avaient fait

---

(1) C'est la même main qui a écrit ce discours, et qui, deux mois
après, a écrit aussi la proclamation de Toulouse.

jusqu'alors; mais les personnes bien informées ne se fiaient point à ces apparences, et savaient bien que la cause du Roi ne trouverait pas là des soutiens.

Le calme continua à régner à Bordeaux pendant trois jours. Les communications avec Paris avaient été interceptées, et l'ignorance où l'on était des événemens, en augmentant l'inquiétude, semblait aussi augmenter l'exaltation des Bordelais.

« Cependant MADAME fut instruite que le général » Clauzel, nommé par Napoléon gouverneur de la » onzième division militaire, se dirigeait sur Bordeaux.

Je fus instruit de ma nomination le 24. Je fis mes conditions en présence de plusieurs personnes qui ont rempli de grands emplois depuis la seconde restauration, et que je pourrais nommer. Lorsque ces conditions furent admises, j'acceptai le commandement, et je partis de Paris le 25 mars.

« Il n'amenait point de troupes avec lui, mais il était » arrivé à Angoulême sans difficulté, conduisant à sa » suite les brigades de gendarmerie qu'il rencontrait, » et grossissait ainsi son cortége. Il pouvait arriver de » cette manière devant Bordeaux, et faire parvenir ses » ordres à la garnison : c'était là un danger pressant qu'il » fallait éviter.

» Le 20 mars, M. le gouverneur Decaen donna l'ordre » écrit à M. le colonel de Pontac de passer avec cinq » cents hommes sur la rive droite de la Garonne, d'en » placer cent au passage de Cubzac, autant à celui de » Saint-Pardon, et de conserver trois cents hommes au » Carbon-Blanc. M. de Pontac devait envoyer à M. le

» major de Mallet qui était à Saint-André-de-Cubzac
» avec cent vingt hommes du huitième, et quelques
» volontaires royaux de la compagnie de M. de Lastour,
» l'ordre de repasser sur la rive gauche de la Dor-
» dogne, et d'aller occuper Saint-Loubès.

» Cette dernière mesure était particulièrement dé-
» terminée par les nouvelles que M. le gouverneur
» avait reçues de Blaye, et qui lui apprenaient que le
» commandant de la citadelle avait refusé d'obéir à
» un ordre formel qu'il lui avait adressé, et avait déjà
» reconnu Napoléon.

Je fus arrêté à Angoulême. La porte de ma maison fut gardée
par un gendarme, qui ne fut retiré que lorsque j'eus montré mes
ordres de service. On me prenait pour un général allant soule-
ver le pays contre Napoléon.

Ce n'est que vers Barbesieux que je pris une brigade de cinq
gendarmes, parce que j'appris qu'un détachement de trente hommes de la même arme était venu de Bordeaux dans la direction
de Mont-Lieu : je me dirigeai sur cette commune. Tout le pays
avait déjà reconnu l'autorité de l'empereur.

Je m'étais arrêté à Angoulême pendant ving-quatre heures,
pour savoir ce qui se passait dans les départemens que j'avais à
traverser avant d'arriver sur celui de la Gironde, et pour avoir
des nouvelles de Bordeaux et de Blaye.

J'appris que les habitans de Bordeaux étaient divisés en deux
partis ; que Blaye avait refusé de recevoir une compagnie de la
garde nationale bordelaise ; que la garnison s'était prononcée
pour l'empereur, et qu'enfin tout le pays jusqu'à la Dordogne
avait imité cet exemple.

En séjournant vingt-quatre heures à Angoulême, j'avais l'espoir qu'on s'instruirait partout sur la nécessité des circonstances,
qu'on s'y soumettrait, et qu'ainsi ma tâche deviendrait facile,

puisque je m'étais réservé de n'employer ni force, ni menaces, pour faire reconnaître l'autorité de l'empereur.

A la réception de l'ordre de M. le gouverneur, le colonel de Pontac fit battre le rappel; la garde nationale fut rassemblée en un instant sur le port. Il était déjà sept heures du soir. Cinq cents hommes furent choisis et passèrent sur l'autre rive, n'emportant avec eux ni linge, ni argent, ni provisions, et cependant sans murmurer, et aux cris mille fois répétés de : *Vive le Roi! vive* MADAME! Les dispositions de M. le gouverneur furent exécutées; les postes indiqués furent occupés. Je me rendis, avec le colonel, à celui de Saint-Vincent, c'est-à-dire au passage de Cubzac : nous y arrivâmes au milieu de la nuit. Le lendemain matin, j'allai chercher à Saint-André M. le major de Mallet, qui se retira, laissant seulement quelques volontaires royaux à cheval chargés de parcourir la rive droite, et de contraindre les bateliers à passer sur la rive gauche.

Je partis à une heure après midi, pour aller rendre compte à M. le gouverneur de l'exécution de ses ordres, et prendre de nouvelles instructions. Je devais aussi, en passant au Carbon-Blanc, faire marcher sur Saint-Vincent les deux pièces de canon et le caisson qui étaient destinés pour ce dernier lieu. Je transmis en effet cet ordre qui fut exécuté.

Je passai à Bordeaux la soirée du jeudi, et j'assistai au banquet qui avait été offert aux officiers de la garnison par ceux de la garde nationale. Le gouverneur, les officiers-généraux, le préfet, le maire y assistaient; M. Lainé, et M. Romain de Sèze s'y trouvaient aussi.

La santé du Roi, celle de MADAME, celle des généraux et des armées restés fidèles à Louis XVIII, furent portées et accueillies avec transport.

Un des convives, le brave général Donnadieu, porta le toast suivant : « Au dévouement de la ville de Bor- » deaux : puisse le grand exemple qu'elle donne faire » rougir et trembler les traîtres qui pensent en ce mo- » ment à violer leur serment et à abandonner la plus » sainte des causes! »

Ce vœu fut entendu avec ivresse. J'observais les offi- ciers du huitième et du soixante-deuxième : ils applau- dirent comme nous-mêmes, et un cri unanime sembla attester qu'aucun des convives n'avait à rougir ni à trembler.

Le moment de l'épreuve approchait.

J'avais reçu l'ordre du général Decaen de me trouver chez lui le lendemain à sept heures du matin.

« Je m'y rendis. J'eus avec lui une conversation d'une » heure entière. J'y appris que le chef d'escadron de » gendarmerie Beylin, qui avait été envoyé à Mont-Lieu, » avait été joint par M. le général Clauzel, s'était réuni » à lui avec sa troupe, et avait contresigné lui-même » l'enveloppe d'une lettre adressée à M. le général Mi- » gnotte, par M. Clauzel, afin qu'elle parvînt plus sû- » rement au premier. »

Je joignis effectivement le détachement de gendarmes à Mont-Lieu. Je le fis rassembler, et je déclarai à ceux qui le composaient qu'ils étaient libres de rentrer à Bordeaux ; que je n'entendais pas les retenir ; qu'ils pouvaient se retirer ensemble ou séparément.

Tous les gendarmes se prononcèrent, à diverses reprises, pour rester avec moi, sans y être excités par M. Beylin.

M. le général Decaen me donna quelques instructions sur les mesures à prendre. M. le général Lafou-Blaniac me donna, de son côté, quelques ordres, et je partis à huit heures et demie.

J'arrivai au Carbon-Blanc à neuf heures et demie. J'y vis M. de Peyronnet qui commandait le détachement qui s'y trouvait; je lui remis les ordres qui le concernaient, et continuai ma route sur Saint-Vincent, où je fus rendu à dix heures un quart. Là je remarquai un rassemblement de troupes assez considérable. M. le colonel m'apprit que la rive droite de la Dordogne était déjà occupée par quelques troupes impériales. J'aperçus en effet quelques soldats sur le port de Cubzac, et j'entendis des cris de *vive l'empereur* qui arrivaient jusqu'à nous.

Le pont-volant était encore au milieu de la rivière: il était indispensable de le ramener de ce côté, ou au moins de le mettre hors de service. L'inspecteur du pont avait, sous divers prétextes, éludé constamment l'exécution de cette mesure; mais il fallait agir sans délai.

M. de Pontac fit venir l'inspecteur, et donna des ordres sévères. Celui-ci protesta de l'impossibilité absolue où il était de faire conduire le pont-volant à Saint-Vincent; mais il offrit de le rendre innavigable, au moyen d'une manœuvre qu'il indiqua. M. de Pontac voulut que cette manœuvre fût faite en sa présence, afin de n'avoir aucun doute sur son exécution. Il s'embarqua avec l'inspecteur et deux matelots dans une petite barque : je l'accompagnai.

Nous arrivâmes sur le pont-volant, et les matelots firent les dispositions nécessaires pour exécuter la manœuvre convenue.

La troupe qui était sur la rive droite s'en aperçut : l'officier du port héla l'inspecteur, et lui dit que le commandant de la troupe impériale lui ordonnait de cesser la manœuvre, en lui annonçant qu'on allait faire feu sur le pont.

« M. de Pontac ne s'occupa point de cette menace, et
» la manœuvre fut achevée. A l'instant, plusieurs coups
» de fusil furent tirés sur nous : quelques balles por-
» tèrent sur le pont-volant. »

Je venais d'arriver à Saint-André, lorsque j'entendis quelques coups de fusil et de canon dans la direction de Saint-Vincent. Je supposai et j'appris qu'ils étaient dirigés sur l'escorte qui venait à ma rencontre. Je me rendis aussitôt sur la Dordogne pour faire cesser le feu, et continuer ensuite ma route sur Blaye, où l'autorité royale n'était plus reconnue depuis plusieurs jours.

Notre opération étant consommée, nous revînmes à terre.

Peu des momens après, quelques hommes de la rive droite s'embarquèrent à leur tour, et se dirigèrent vers le pont que nous venions de quitter. Ils firent d'inutiles efforts pour le remettre en activité; mais ils y plantèrent le pavillon tricolore.

A cette vue, une pièce de canon fut dirigée sur le

pont; une autre fut braquée sur le port de Saint-André-de-Cubzac.

En même temps une vingtaine d'hommes de bonne volonté se jetèrent dans une barque pour aller débusquer ceux qui s'étaient emparés du pont, et en arracher le pavillon. Les impériaux ne les attendirent pas; ils enlevèrent leur drapeau et retournèrent à terre.

Nos volontaires qui se dirigeaient eux-mêmes (tous les matelots s'étant éloignés), furent entraînés par le courant, et ne purent jamais parvenir au pont : ils suivirent la rivière au travers d'une fusillade très-vive, et revinrent à terre, à quelque distance de Saint-Vincent. Ils avaient eu un homme assez grièvement blessé à la jambe, et qui passa au milieu de ses camarades en criant : *Vive le Roi!*

« Après avoir envoyé une vingtaine de boulets à » l'ennemi, et tout le monde ayant quitté le port, le » colonel fit cesser le feu. »

Je fus assez heureux pour éviter le dernier boulet que je voyais venir sur moi, après qu'il eut traversé une barrique d'eau-de-vie qui se trouvait sur une charrette, dans la rue de Cubzac. J'étais venu là, je le répète, pour prévenir une attaque et non pour attaquer. Nous étions au 31 mars.

Cependant un mécontentement assez fort s'était manifesté parmi les volontaires, et notamment parmi ceux qui composaient un bataillon actif, dont les soldats étaient étrangers à la garde nationale, même à la ville. Une grande partie était venue sans munitions, et en demandait inutilement. Depuis le matin, le colonel avait envoyé deux ordonnances à M. le gouverneur pour en obtenir, et n'avait encore reçu aucune réponse.

Les choses étaient dans cet état, lorsque vers trois heures de l'après-midi, le porte-voix de Cubzac nous annonça qu'on avait quelques communications à nous faire. Nous écoutâmes avec attention.

« M. le général Clauzel demandait qu'on lui envoyât » un officier pour recevoir deux volontaires royaux » qui avaient été faits prisonniers, et qu'on voulait nous » rendre.

En arrivant à Cubzac, je sus qu'il était resté deux hommes de la troupe de Bordeaux sur la rive droite de la Dordogne. Je donnai ordre d'appeler l'officier commandant sur la rive opposée, afin de les lui remettre, et de l'engager en même temps à éviter tout acte d'hostilité envers nous, en le prévenant que mon intention était de ne pas en laisser commettre de cette nature par mon escorte, contre les troupes bordelaises.

Cette demande fut renouvelée trois fois. M. le colonel jugea convenable qu'on allât chercher les prisonniers, et me chargea de cette mission. Je choisis un sous-officier, M. Bernos fils, et deux grenadiers, et je traversai la rivière.

Un officier supérieur, que j'ai su, depuis, s'appeler M. Laval vint me recevoir, et m'engagea à laisser mon escorte dans le bateau : ce que je fis. Je fus accueilli, en descendant sur le port, par des cris de *vive l'empereur !* mais, sur ma vive réclamation, M. Laval imposa silence à sa troupe.

» Je fus conduit dans une maison où je trouvai

» M. le général Clauzel. Mon intention n'est pas de
» rapporter notre conversation entière : elle fut longue.
» Il crut devoir me raconter tous les événemens qui
» avaient eu lieu depuis le débarquement de Napo-
» léon.

Notre conversation fut longue, cela est vrai. Je fus questionné,
et je devais répondre. Je désirais qu'on fût instruit de ce qui
s'était passé. Je devais donc raconter ce que je savais, et je le fis
conformément à la vérité. Je dis à M. de Martignac : « Si le Roi
» de France n'était pas sorti du royaume, je ne serais pas ici. »

« Il m'assura que toutes les mesures étaient prises
» pour arriver à Bordeaux le lendemain; qu'il y arri-
» verait sans tirer un coup de fusil; qu'il n'avait pas
» besoin de troupes, attendu que celles qui formaient
» la garnison de Bordeaux étaient déjà sous ses ordres.

» M. le général Clauzel me parla beaucoup de l'in-
» dulgence dont voulait user l'Empereur; il m'assura
» qu'il répondait de la vie de tous les habitans de
» la ville de Bordeaux, excepté de celle de M. Linch.

» Il m'annonça que tout ce qu'il me disait était déjà
» consigné dans sa proclamation et ses ordres du jour.
» Il m'engagea à en prendre quelques exemplaires : je
» le refusai formellement.

» M. le général Clauzel avait une dépêche toute pré-
» parée pour les autorités civiles et militaires de la ville
» de Bordeaux. Il me demanda si je voulais m'en
» charger; et comme je balançais, il la décacheta et
» me la fit lire. Après l'avoir lue, je consentis à la
» porter, mais à la condition expresse, et non autre-

» ment, que je nè remettrais le paquet à son adresse
» qu'en présence de Madame. »

Je n'avais pu prendre par moi-même aucune mesure pour entrer dans Bordeaux le lendemain, puisque j'arrivais à l'instant à Cubzac, et que je n'avais eu aucune communication directe avec la garnison; mais je pouvais dire et croire que cela était possible, d'après les ouvertures qui me furent faites la veille, à Cavignac.

Il me semble que c'eût été ici le cas de rapporter les principales circonstances de notre conversation, parce qu'elles sont de nature à n'être pas passées sous silence, et qu'elles sont propres aussi à faire juger et des choses, et du caractère des hommes dans de telles conjonctures.

Si je crus devoir raconter à M. de Martignac ce qui venait de se passer en France et dans la capitale, M. de Martignac, à son tour, crut devoir écouter et apprendre ce qu'on ignorait probablement à Bordeaux. Il me parla du dévouement des Bordelais, du sien particulièrement, à la cause royale et à la dynastie. Je répondis en louant ce sentiment si bien manifesté par lui, et par les dispositions des Bordelais. Mais je vous déclare, lui dis-je, que je ne suis venu ici que pour remplacer le général Decaen; que je me suis réservé de ne rien faire contre Bordeaux, contre Madame, que je suis toujours prêt à défendre, si un malheur menaçait S. A. R.; que vous pouvez résister, si cela vous convient; que je ne vous attaque pas; que je n'ai ni moyens, ni intention, ni obligation, de vous contraindre par la force à reconnaître l'empereur, quoique la force des temps doive vous conduire sous peu à cette nécessité.

Je vais à Blaye. La ville de Bordeaux m'y trouvera toujours disposé à lui être utile. Seulement, souvenez-vous que ce que n'a pu faire le Roi à Paris, ne saurait être fait par personne, ni à Bordeaux, ni ailleurs.

M. de Martignac me demanda si j'avais des ordres pour faire

des arrestations, et mettre des contributions sur la ville. Je lui répondis négativement.

Et comme M. de Martignac me paraissait douter de la sincérité de ma réponse, je l'engageai à ouvrir mon portefeuille qui se trouvait sur ma table, et sous ses yeux. Je lui dis d'en retirer tous les papiers, et de les lire. Il s'y refusa d'abord, par politesse et discrétion; puis, sur de nouvelles instances de ma part, il les prit et les lut.

Est-ce là tout ce que vous avez? me demanda-t-il. — Oui, monsieur, et vous pouvez m'en croire sans qu'il soit besoin, pour vous en convaincre, de vous donner ma parole d'honneur.

M. de Martignac me parut satisfait de ce qu'il venait d'apprendre, et de l'espoir qu'il n'y aurait aucune arrestation ni contribution à Bordeaux.

Il désira savoir enfin si M. Linch serait arrêté. Je répondis que je ne le croyais pas; mais qu'à sa place je suivrais MADAME. J'ajoutai que de tels ordres s'adressaient à la gendarmerie.

Je venais de recevoir d'Angoulême, par estafette, mon ordre du jour pour les troupes. J'en remis un exemplaire imprimé à M. de Martignac, qui le lut, mais ne l'emporta pas.

Après un moment de réflexion, M. le général Clauzel donna son assentiment à cette condition.

« Je lui promis de rapporter une réponse avant le
» point du jour, et je convins avec lui que jusqu'à ce
» moment il n'y aurait aucune hostilité. Je crus devoir
» faire cette convention, parce que je savais que nos
» volontaires royaux n'avaient pas de munitions, et
» que je gagnais ainsi le temps nécessaire pour en faire
» porter moi-même.

C'est cette circonstance qui m'arrêta à Cubzac, et qui me fit renoncer à continuer ce jour-là ma route sur Blaye, d'où je fis venir alors une nouvelle compagnie et deux pièces de canon. Je n'avais à Cubzac que cinquante-cinq hommes, et j'en avais vu environ mille sur l'autre rive. On concevra que, dans cette situation, je devais prendre mes précautions pour n'être point attaqué ou pris; car je venais de montrer toute la faiblesse de mon escorte à M. de Martignac.

Je quittai Cubzac pour retourner à Saint-Vincent. On me remit sur le port deux volontaires de la compagnie des marins qui s'étaient laissé prendre. L'un d'entre eux refusa de s'embarquer avec moi; l'autre, qui était un tambour, me suivit avec joie.

Dans la traversée, M. Bernos m'apprit qu'on avait jeté dans le bateau des proclamations et des ordres du jour. Nous les déchirâmes et les jetâmes dans la rivière.

Ce n'est pas tout : le tambour que je ramenais, craignant d'être découvert, ou peut-être fidèle et de bonne foi, m'avoua qu'on avait défoncé sa caisse, et qu'on y avait renfermé un assez grand nombre de papiers.

« En arrivant à terre, la caisse fut portée à M. le
» colonel, qui en retira les papiers, et les jeta au feu.

L'ordre du jour arriva à Cubzac au moment où M. de Martignac s'y trouvait. Il fut distribué aux soldats : il est possible que ceux-ci en aient remis alors quelques exemplaires aux hommes qui devaient retourner sur l'autre rive. Cet ordre du jour annonçait un événement déjà consommé, et je n'avais aucune part à la remise qui en fut faite aux soldats bordelais.

Je m'abstiens de toute réflexion; je raconte, et le lecteur n'a pas besoin que j'ajoute rien à ce récit.

Après avoir rendu compte à mon chef de tout ce

qui venait de se passer, je me rendis à Bordeaux. Je trouvai sur le port un caisson de munitions qui se dirigeait sur Saint-Vincent, accompagné par **M.** de Reignac : j'allai descendre au château royal.

Je fus introduit auprès de Madame; je lui fis le récit exact de la journée, et je lui remis le paquet dont j'étais chargé.

Madame fit appeler M. le gouverneur, M. le préfet, M. le maire et M. Lainé : elle me fit répéter devant eux le récit que j'avais déjà eu l'honneur de lui faire. Les dépêches de M. le général Clauzèl furent lues. Elles contenaient des plaintes amères sur les hostilités commises dans la journée, des promesses d'un oubli total pour le passé, et une déclaration formelle, par laquelle les autorités civiles et militaires étaient rendues responsables des malheurs que pourrait entraîner une plus longue résistance.

« Madame avait versé des larmes au récit du léger
» combat, dans lequel un de nos volontaires avait été
» blessé ; elle écouta avec sang-froid et fermeté les
» sommations et les plaintes du général Clauzel. »

Le mot de sommation ne fut employé ni par écrit, ni verbalement, dans les communications que j'eus avec les autorités de la ville; mais je voulais me dégager de la responsabilité des événemens, et je la mis sur ceux qui naturellement doivent veiller à la sûreté de tous.

Notre premier mot fut qu'il fallait s'occuper d'elle; mais elle nous imposa silence, et ne voulut entendre parler que de la ville, de son intérêt et de ses dangers.

La sûreté de Bordeaux veut-elle qu'il capitule ou qu'il se défende? Telle fut la seule question qu'il fut permis d'examiner.

Le conseil-général du département, le conseil d'arrondissement et le conseil municipal venaient de se réunir à la préfecture.

MADAME pensa que c'était à eux qu'il appartenait de prendre une résolution, et elle désira que j'allasse leur rendre compte de l'état des choses.

Je me rendis en effet à l'assemblée, où M. Lainé vint aussi. Je fis aux divers conseils réunis le rapport circonstancié des faits, et je me retirai.

MADAME m'avait ordonné de me trouver à dix heures du soir au château. J'y allai; je trouvai dans le cabinet de Son Altesse Royale les personnes que j'y avais déjà vues, et en outre, M. le général Harispe, M. Filhol de Marans, et M. le vicomte de Montmorency.

M. Filhol de Marans, président du conseil-général, annonça à MADAME que les conseils réunis avaient délibéré de faire part à la garde nationale, déjà convoquée pour le lendemain, de la situation de la ville, et de savoir d'elle si elle était dans la possibilité de résister à force ouverte. Au surplus, les conseils s'en remettaient à MADAME, et à l'autorité supérieure, sur tout ce qu'on jugerait convenable de faire.

Sur cela, il s'engagea, en présence de MADAME, et entre les diverses personnes qu'on avait appelées, une discussion fort vive et fort animée.

Quels étaient les moyens de défense de la ville? qu'avait-elle à craindre et à espérer? Telles étaient les questions essentielles, et sur lesquelles M. le gouverneur était vivement pressé par tout le monde, et notamment par M. Lainé, dont l'énergie et la chaleur étonnaient et entraînaient.

La ville, répondait M. le gouverneur, ne peut compter que sur la garde nationale; c'est là sa seule défense.

Quant à la garnison, il annonçait que ses dispositions étaient plus propres à inquiéter qu'à rassurer.

J'ai, dit-il, réuni ce soir même, chez moi, les officiers des deux corps, en présence de M. le général Harispe, et je leur ai demandé si la troupe combattrait avec la garde nationale pour la cause du Roi. Leur réponse a été négative. J'ai demandé si du moins elle consentirait à rester neutre; et ils m'ont dit qu'ils n'oseraient pas répondre que les soldats vissent tranquillement tirer sur leurs frères d'armes.

Cette explication fournie par M. Decaen donna lieu à une vive altercation entre M. Lainé et lui.

M. Lainé demandait qu'on donnât ordre aux troupes de partir pour Bayonne; et M. Decaen répondait qu'elles n'obéiraient pas, et que cet ordre imprudent hâterait le moment de la défection.

M. Lainé voulait au moins, pour sauver l'honneur de la ville, que MM. Decaen et Harispe donnassent une déclaration écrite, portant qu'ils avaient la certitude que la garnison tirerait sur la garde nationale, dans le cas où il y aurait un engagement entre cette dernière et la troupe du général Clauzel. « Que l'uni-
» vers, que la postérité sachent, s'écriait M. Lainé,
» qu'une Princesse auguste qui s'appelle Marie-Thérèse,

» défendue par l'amour d'une population entière, ga-
» rantie par deux rivières, a cédé à l'absolue nécessité,
» et n'a pas fui devant un prévôt et cinquante gen-
» darmes. »

Le général Decaen se refusait à donner cette déclaration; mais il répétait ce qui s'était passé avec les officiers, et arrivait toujours à cette conséquence, que la
ville ne pouvait résister long-temps.

MADAME, interrogée sur sa volonté, répondait constamment qu'elle ne voulait pas compromettre inutilement la ville; que s'il était reconnu que la résistance
ferait couler du sang, sans espoir de succès, il fallait
céder. J'aurai, disait-elle, conservé la bonne ville de
Bordeaux au Roi aussi long-temps que je l'aurai pu; je
me retirerai satisfaite d'elle et de moi.

Il était minuit, et aucune résolution n'avait été prise;
il fallait cependant s'arrêter à un parti.

« MADAME me demande si le détachement que j'avais
» laissé à Saint-Vincent défendrait le passage, et pour-
» rait garder ce poste quelque temps. J'avais vu les
» volontaires dans les meilleures dispositions; il ne
» leur manquait que des munitions : j'en avais rencon-
» tré sur la route. Je répondis que le poste serait gardé,
» et que le général Clauzel ne passerait pas à Cubzac
» avec sa faible troupe. »

On ne devait pas craindre de me voir tenter le passage de
Cubzac à Saint-Vincent, puisque mon intention, plusieurs fois ex-
primée à M. de Martignac, était alors de me rendre à Blaye.
On doit se rappeler que je n'avais pas reçu encore la lettre des

autorités de Bordeaux, lettre qui dut me faire renoncer à ce projet.

Cette réponse termina la discussion. Il fut convenu que je repartirais sur-le-champ; qu'au point du jour je ferais dire au général Clauzel que les autorités civiles et militaires n'avaient pas envoyé de réponse. Il fut arrêté en outre qu'un parti définitif serait pris le lendemain, après avoir consulté la garde nationale.

Il était minuit et demi : je partis à franc étrier pour Saint-Vincent. J'arrivai au Carbon-Blanc à une heure et demie du matin; j'y trouvai beaucoup d'agitation, de tumulte, et un rassemblement considérable. J'en demandai la cause, et j'appris avec une surprise et une douleur qu'on ne peut se figurer, que le poste de Saint-Vincent était évacué, et que le détachement qui l'occupait s'était retiré.

Je ne pouvais croire à la vérité de cette nouvelle; elle me fut confirmée par M. le colonel de Pontac lui-même, que je trouvai dans une auberge du Carbon-Blanc, avec MM. de Monval, de Reignac, Acquart, et quelques autres. M. de Pontac m'apprit que la veille, vers huit à neuf heures du soir, quelques coups de fusil s'étaient fait entendre sur la rive droite de la Dordogne; que ce bruit avait causé de l'inquiétude aux volontaires, qui n'avaient pas encore reçu les munitions attendues depuis si long-temps; que des murmures s'étaient élevés; que quelques hommes du bataillon actif qui cherchaient à jeter le trouble et l'alarme, profitant de cette disposition, avaient poussé le terrible cri : « Nous sommes vendus! » que ce mot funeste avait répandu le désordre, et avait entraîné une retraite précipitée qu'il avait été impossible d'arrêter.

M. le colonel, resté avec quelques volontaires royaux, et quelques gardes nationaux qui se trouvaient en très petit nombre, avait été contraint de se replier sur le Carbon-Blanc, où il avait fait conduire les deux pièces de canon.

Tel fut le récit qui me fut fait, et qui me plaça dans une situation extrêmement embarrassante et pénible. On a vu que c'était sur l'assurance que j'avais donnée que le passage serait gardé, que la délibération avait été prise. Le passage était abandonné, et tout changeait de face.

Je pensai qu'il convenait de retourner à Bordeaux faire connaître ce changement funeste. M. le colonel était de cet avis, et je remontai à cheval.

J'arrivai à trois heures. J'allai d'abord chez M. Lainé; je fis avertir M. le maire; j'allai réveiller M. le gouverneur, qui dormait profondément; j'entrai chez M. de Montmorency, et nous nous fîmes annoncer chez MADAME. Pendant que cela se passait, M. le comte de Gipoulon arriva du Carbon-Blanc, et nous apprit que peu de momens après mon départ un nouveau tumulte, produit par les mêmes moyens, avait eu le même résultat qu'à Saint-Vincent; qu'on avait crié à l'improviste que les pièces étaient prises, et qu'à ces mots la déroute s'était mise dans la troupe, dont une grande partie avait abandonné le Carbon-Blanc. M. Gipoulon demandait de nouveaux renforts.

Ce nouvel incident rendait le danger plus imminent, et obligeait plus fortement à prendre un parti.

Madame reçut cette nouvelle avec la même fermeté que les précédentes : elle ne parla jamais que de Bordeaux, de la garde nationale, des dangers dont la ville était menacée, et ne souffrit pas que l'on s'occupât de sa propre sûreté.

« Dans l'état où étaient les choses, le général Clauzel
» pouvait arriver devant Bordeaux au point du jour,
» ou au moins dans la matinée; il fallait éviter cette
» arrivée soudaine dont les conséquences étaient ef-
» frayantes. »

J'ai déjà dit, et il est bon de le répéter, que je n'avais encore aucun dessein de me diriger sur Bordeaux.

Il fut arrêté qu'on lui écrirait pour lui demander la journée entière. M. Lainé rédigea et écrivit lui-même une lettre conçue à peu près en ces termes :

« Monsieur le Général,

» Madame la duchesse d'Angoulême ayant eu con-
» naissance des communications que vous avez faites
» aux autorités civiles et militaires de la ville de Bor-
» deaux, et voulant épargner à cette ville les mal-
» heurs que pourrait lui faire éprouver une plus longue
» résistance, fait des dispositions de départ.
» Nous vous demandons jusqu'à demain, pour que
» le départ de Son Altesse Royale puisse s'effectuer avec
» tous les honneurs qui sont dus à son rang. »

Voilà la lettre qui me fit changer de résolution. Son contenu me fit d'autant plus de plaisir que je croyais voir ma mission remplie sans hostilités. Ainsi, au lieu d'aller à Blaye je dus me diriger vers Bordeaux, pour y remplacer le général Decaen.

Cette lettre fut signée par M. de Valsuzenay, par M. le général Decaen, et par M. Lynch; elle me fut remise pour être portée sur-le-champ à M. le général Clauzel.

J'étais extrêmement fatigué; MADAME daigna s'en apercevoir, et me témoigner l'intérêt qu'elle y prenait. Elle poussa la bonté jusqu'à me tendre sa main, que je baisai et que je baignai de larmes, après avoir posé un genou à terre.

MADAME pleurait elle-même. M. Decaen avait la tête appuyée sur sa main; M. Lynch était plongé dans une rêverie profonde; M. de Valsuzenay sanglotait en faisant ses adieux; et M. Lainé se promenait à grands pas dans le salon, laissant voir sur sa figure l'expression des sentimens dont il était agité (1).

Il était cinq heures du matin. Je montai à cheval dans la cour du château, avec un trompette et un postillon.

En passant la rivière, je rencontrai plusieurs volontaires qui revenaient. J'en trouvai trois sur la route, ap-

---

(1) Je me rappelle que M. de Valsuzenay, à genoux comme moi devant Son Altesse Royale, s'écria : « J'étais destitué par le Roi, je » le sais; mais ma fidélité est inébranlable, et je jure de ne jamais » accepter de fonctions de l'homme qui fait couler nos larmes. » J'ai du plaisir à rappeler ce serment, maintenant que le temps de l'épreuve est passé.

partenant au bataillon actif. Après que je les eus passés, l'un d'eux tira un coup de fusil.

Le trompette m'assura qu'il avait tiré sur moi; il prétendit au contraire avoir tiré en l'air.

Je continuai ma route au Carbon-Blanc; je trouvai le major de Mallet qui revenait de Saint-Loubès avec son détachement du dix-huitième. Je lui fis part de ma mission, et me dirigeai sur Saint-Vincent.

Après la fourche des deux chemins, je vis venir à moi quelques gendarmes : ceux-ci ayant aperçu un officier et un trompette, crurent qu'ils étaient suivis par un escadron de cavalerie, et se replièrent en toute hâte sur un gros détachement de cavalerie, à la tête duquel je reconnus l'adjudant-commandant Laval, que j'avais vu la veille. Ce détachement avança sur moi avec des pistolets et des carabines armées; je m'annonçai comme parlementaire : M. Laval me reconnut, vint à ma rencontre, et retourna sur ses pas avec moi.

« Je remarquai qu'il donna à un officier de gendar-
» merie un ordre à porter à M. le major de Mallet, et
» il me dit que cet ordre enjoignait à cet officier de
» se rendre auprès du général Clauzel. J'ai su depuis
» que M. de Mallet avait refusé d'obéir, et s'était replié
» sur Bordeaux avec sa troupe. »

Je crois que M. le major de Mallet rentrait à Bordeaux lorsque j'envoyai l'ordre aux compagnies de venir me joindre. Dans ce moment j'avais été informé que les troupes qui étaient à Saint-Vincent s'étaient retirées, et je pensais qu'il n'était plus question d'hostilités.

« J'arrivai à Saint-Vincent. Une partie du détache-

» ment impérial avait déjà passé la rivière. Le général
» était encore sur la rive droite : je lui portai ma dé-
» pêche. Il consentit, sans difficulté, au délai qu'on
» lui demandait; il alla même jusqu'à m'assurer que si
» MADAME, qui devait connaître son dévouement à
» sa personne, pouvait accepter ses services, il aurait
» l'honneur de l'accompagner au lieu qu'elle choisirait.
» Je crus pouvoir le remercier de cette offre, et lui
» déclarer qu'elle serait inutile. Notre conversation fut
» encore longue. Le général Clauzel me parla beau-
» coup de M. Lainé, pour lequel il me dit avoir une
» estime particulière, et il me chargea spécialement de
» l'assurer qu'il pouvait rester à Bordeaux, sans au-
» cune inquiétude. Je lui annonçai que M. Lainé n'avait
» pas attendu cette assurance, pour prendre la réso-
» lution de ne pas quitter Bordeaux, ou les environs,
» tant que son devoir ne l'appellerait pas ailleurs, et
» que les sollicitations pressantes de ses amis n'avaient
» pu ébranler cette résolution (1). »

Le détachement qui était passé sur la rive gauche de la Dordogne s'y était rendu pour connaître la cause de la retraite
des troupes bordelaises, et non pour marcher sur Bordeaux; j'é-
tais resté sur la rive droite de la rivière.

---

(1) « Je compris aisément, par tout ce que me dit M. le général
» Clauzel sur M. Lainé, que c'était là une conquête que son parti
» ambitionnait; mais je pus lui annoncer d'avance que celle-là échap-
» perait à toute la puissance et à tous les artifices de son maître. »

C'est une supposition gratuite de la part de M. de Martignac. Je n'eus jamais
la pensée de cette conquête. J'exprimais seulement ce que je sentais pour
M. Lainé.

Il fut convenu que les troupes du général Clauzel resteraient jusqu'au lendemain sur la rive droite de la Garonne; que les courriers et les diligences y seraient retenus jusqu'à la même époque, et que le drapeau tricolore ne serait pas arboré à la Bastide pendant toute la journée du samedi.

La promesse la plus formelle fut renouvelée que personne ne serait inquiété à Bordeaux, par suite des événemens qui avaient eu lieu depuis le mois de janvier 1814 (1).

Après avoir ainsi tout réglé, je quittai M. le général Clauzel, et je partis avec M. l'adjudant-commandant Laval. Nous passâmes au Carbon-Blanc, où il n'y avait plus personne de la troupe de M. Mallet.

Au bas de la côte nous trouvâmes M. George Bontemps qui venait au-devant de moi, envoyé par Madame, afin de connaître les résultats de ma mission. Nous revînmes ensemble jusqu'à la Bastide, où M. Laval resta.

En traversant la rivière, j'aperçus le port de Bordeaux couvert de gardes nationales, et d'une foule immense de citoyens.

Je débarquai avec peine au milieu d'eux, et je me

---

(1) « On peut s'informer auprès du capitaine Gautier et des
» autres braves qui allèrent avec lui rejoindre le duc d'Angoulême;
» auprès de MM. de Tauria, de Peyronnet, de MM. les volontaires
» royaux, etc., etc.; on saura avec quelle religieuse fidélité cette
» promesse a été tenue. »

Je ne repousse pas le témoignage des personnes citées dans cette note; et je défie qui que ce soit de pouvoir me reprocher avec raison un acte arbitraire pendant la durée de mon commandement.

rendis en toute hâte au château. Je rendis compte à MADAME de tout ce qui s'était passé. Je lui racontai avec de longs détails toute la conversation que j'avais eue avec le général. Elle approuva tout ce que j'avais fait et tout ce que j'avais dit.

Cependant des mouvemens violens et une agitation extrême se manifestaient dans la ville, et jusque dans les appartemens du château.

On parlait hautement de se défendre, d'attaquer même le général Clauzel. La garde nationale et les volontaires royaux se plaignaient avec chaleur, avec indignation, de ce qu'on enchaînait leur dévouement. Une nouvelle discussion s'engagea en présence de MA-DAME, entre M. le général Decaen et plusieurs person-nes. On lui reprocha sa lenteur, sa négligence, le refus qu'il avait fait de fournir des munitions : on alla jusqu'à l'accuser de mauvaise foi, de trahison. Il répondit avec amertume, se défendit avec force ; mais n'en persista pas moins à soutenir qu'on ne pouvait pas résister, par-ticulièrement à cause des dispositions de la garnison , qui allaient placer la garde nationale entre deux feux.

On révoquait en doute ces dispositions ; on assurait que divers officiers de la ligne répondaient de leurs compagnies : ces assertions étaient formellement dé-menties d'un autre côté.

Au milieu de ce désordre et de ce choc d'opinions, MADAME avait reconnu qu'il y avait un danger réel, cer-tain, inévitable, pour la ville, et il ne lui en fallait pas davantage pour prendre une résolution définitive.

Elle voulait qu'on cédât, puisqu'il fallait du sang

pour résister; mais elle craignait avec raison l'effervescence de la population et de la garde nationale; elle redoutait le moment où l'on annoncerait une capitulation, et tremblait qu'on ne se portât à quelques excès. Les cris et les plaintes s'entendaient jusque dans le salon où nous étions réunis. MADAME se détermina à faire entrer quelques-uns des plus bouillans, afin de leur parler, et ils furent introduits.

M. Hovy jeune, l'un des volontaires royaux, porta la parole au nom de ses camarades. Il annonça qu'ils voulaient tous mourir pour le Roi et pour MADAME : des larmes d'attendrissement et de rage coulaient de ses yeux, et il demandait avec instance et emportement la permission d'attaquer.

Ici commença avec plus de force encore la scène qui venait d'avoir lieu. Plusieurs personnes opposaient la prudence à l'enthousiasme, et montraient les suites inévitables de la résolution qu'on allait prendre.

« Tout le monde convenait que si l'on n'avait à
» combattre que le général Clauzel, il n'y aurait pas à
» balancer, et qu'il faudrait se défendre, ou même
» attaquer; mais les plus emportés étaient forcés de
» convenir que si la troupe de la garnison, beaucoup
» plus nombreuse, et mieux armée que la garde natio-
» nale, prenait part à l'affaire, dans l'intérêt du gé-
» néral Clauzel, il n'y avait pas d'espoir de succès.

» Tout dépendait donc des dispositions de la garni-
» son, et ceux qui les avaient sondées assuraient qu'elles
» nous étaient contraires. »

Tout cela prouve que ceux qui jugeaient ainsi des dispositions de *tout le monde*, ne savaient pas ce qui se passait à Bordeaux.

On en était à ce point, lorsque quelqu'un entra précipitamment, et annonça que M. le major de Mallet était revenu avec son détachement du huitième qui était resté fidèle. On voyait là une preuve que les craintes que l'on avait sur l'esprit de la troupe étaient mal fondées.

Dès ce moment il n'y eut plus à délibérer. Quelqu'un proposa que MADAME allât elle-même à la caserne, demander aux soldats s'ils voulaient combattre pour le Roi.

Ce parti n'était pas sans inconvénient; mais on n'en voulut voir aucun, et, sans autre examen, cette proposition fut adoptée, et MADAME sortit dans sa calèche, accompagnée de tous les officiers-généraux, pour se rendre aux casernes.

J'étais tellement accablé de fatigue et de besoin, que je ne pus pas suivre la Princesse; je me retirai chez moi, où je me jetai sur un lit.

Environ une heure après, je fus réveillé par M. Laclaverie, adjudant de la garde nationale, lequel vint me dire que le général Clauzel avait fait hêler du port de la Bastide; qu'on était allé s'informer de ce qu'il demandait, et qu'il voulait me parler. M. Laclaverie me dit qu'il avait fait connaître cette demande à M. de Montmorency, qui l'avait transmise à la Princesse, et que Son Altesse Royale avait donné ordre qu'on vînt me chercher de sa part.

Je courus au château. MADAME me dit : Vous allez

passer la rivière, et trouver le général Clauzel; vous lui direz que dans un temps plus heureux, je l'avais distingué; qu'il m'a souvent assuré alors de son dévouement et de son affection; que je lui en demande une preuve en faveur de la ville de Bordeaux : vous lui direz que je lui tiendrai compte de ce qu'il fera pour les Bordelais, beaucoup plus que si c'était pour moi-même.

J'ignorais encore ce qui s'était passé pendant mon absence. Je me hasardai à le demander à MADAME, dont l'extrême bonté m'encourageait. Tout est donc fini, lui dis-je; les soldats..... Ils m'ont refusé hautement, dit-elle, en m'interrompant, et j'en rends grâces à Dieu. Je frémissais (1) qu'ils ne me fissent des promesses; ils ne les auraient pas tenues, et vous en auriez été les victimes. Croyez-vous, lui dis-je, MADAME? Ils vous auraient tous égorgés, s'écria-t-elle; et je ne m'en serais jamais consolée.

Je ne demandais pas de détails; mais MADAME daigna m'en donner. Elle avait demandé aux soldats s'ils vou-

---

(1) *Je frémissais*..... Ce mot peint l'âme de celle qui le prononçait. Il était resté gravé dans mon cœur, lorsque, quelques jours après l'avoir entendu, j'ai lu le compte rendu de cette funeste journée par des journalistes qui se disaient Français. L'audace de leurs mensonges, l'insolence de leurs observations, firent sur moi une impression qui ne s'effacera jamais. Ah! sans doute, ceux qui avaient osé écrire ainsi n'avaient pas entendu, n'avaient pas vu MADAME. La cupidité, l'ambition, la perfidie, ont pu chercher à lui nuire pour servir son ennemi et le nôtre; mais pour l'outrager, il ne suffisait pas d'être faux, méchant et parjure, il fallait ne pas la connaître.

laient combattre pour la cause du Roi, et on avait répondu non. Elle avait demandé si, du moins, la garnison consentirait à rester neutre, et un officier supérieur,
organe de ses camarades et des soldats, avait déclaré
qu'ils ne verraient pas tranquillement égorger leurs
frères d'armes.

A ces réponses avaient été jointes des offres de service adressées à MADAME, et qui avaient pour objet sa
sûreté personnelle. MADAME avait déclaré qu'elle n'en
avait pas besoin, et s'était retirée. MADAME était allée de
là sur le port, où était réunie la garde nationale, et
après avoir fait renouveler le serment d'obéissance,
elle avait ordonné aux volontaires de se retirer, et leur
avait sévèrement défendu de se porter à aucun acte
d'hostilité contre les troupes du général Clauzel. Voilà
ce que MADAME me raconta elle-même (1).

Elle ignorait ce qui avait suivi son départ du port : je
ne l'appris que quelques momens après.

« Indépendamment de la mission particulière de
» MADAME, je fus encore chargé d'annoncer au général
» Clauzel que le lendemain dimanche, avant neuf heu
» res du matin, une députation de la ville irait au-devant
» de lui; je devais tâcher d'obtenir la promesse qu'il
» attendrait jusqu'à ce moment pour traverser la ri
» vière. »

---

(1) Ce que Son Altesse Royale ne me dit pas, et ce que tous les
témoins m'apprirent ensuite, c'est qu'elle avait déployé, au milieu
de cette horde de soldats rebelles et parjures, un courage, une fermeté et une énergie dignes de son âme et de son nom.

Je savais avant l'arrivée de M. de Martignac, par des personnes qui avaient traversé la rivière, que MADAME devait partir avant la nuit; mais qu'il continuait à régner beaucoup d'agitation parmi les hommes armés du bataillon actif, qui avaient fui de la Dordogne, et qu'ils parlaient encore d'attaquer, quoiqu'ils n'eussent pas le courage de passer la rivière, et qu'ils ne fussent véritablement propres qu'au pillage et à l'assassinat, comme cela demeura prouvé peu d'instans après.

Je partis : en arrivant sur le port, je remarquai beaucoup de trouble; j'appris qu'après le départ de MADAME, des hommes armés s'étaient portés à des violences extrêmes contre M. le général Decaen, et M. de Puységur, inspecteur des gardes nationales, qui s'étaient cependant retirés sans accident. J'appris aussi, avec autant de surprise que de douleur, que le capitaine Troplong, ayant voulu s'éloigner avec sa compagnie, suivant l'ordre de Son Altesse Royale, avait été menacé, arrêté, et enfin frappé de mort par des hommes de ce bataillon dont j'ai déjà eu occasion de parler.

Au milieu des grands intérêts dont j'étais occupé, des grands événemens qui se pressaient autour de moi, je ne pus entendre, sans verser des larmes, le récit funeste de la mort de ce brave jeune homme, que le fer ennemi avait respecté huit ans dans les combats, et qui venait d'expirer sur le sol qui l'avait vu naître, victime de nos discordes civiles (1).

---

(1) Les plus nobles passions ont leurs erreurs et leurs excès. Des hommes dévoués à la sainte cause ont essayé de justifier la mort du capitaine Troplong, en élevant des doutes sur sa fidélité et son dévouement. Ce doute affreux est venu ajouter à la douleur, au dé-

« Je m'embarquai la mort dans le cœur; j'arrivai seul
» à la Bastide. Le général Clauzel se promenait sur le
» port.

» Il me reçut bien; mais il me parut mécontent de
» ce qui s'était passé à Bordeaux, sous ses yeux, et no-
» tamment de la démarche que venait de faire Ma-
» dame, et qu'il avait mal interprétée. »

On doit se souvenir que ce ne fut que d'après la lettre des
autorités de Bordeaux que je me rendis à la Bastide. Je croyais
tout fini d'après le contenu de cette lettre, et j'en éprouvais une
vive satisfaction. Mon étonnement fut grand en apercevant l'agitation, le tumulte le plus prononcé, dans tout ce qui se trouvait
en face de moi, sur la rive opposée de la Garonne. Je me crus un
moment tombé dans un piége; je n'avais encore qu'une compagnie de voltigeurs et quelques gendarmes.

« Je lui expliquai ce que Madame avait fait auprès
» de la garde nationale; mais je ne lui parlai pas de
» la démarche faite auprès de la garnison. Je ne crus
» pas qu'il fût convenable d'entrer avec lui dans ces
» détails.

» Je m'acquittai des deux missions dont j'étais chargé.
» Le général me répondit que la recommandation de
» Madame était inutile, attendu que ses devoirs, d'ac-
» cord avec ses sentimens, mettaient la ville de Bor-

---

sespoir de son inconsolable famille. Je ne ferai pas à mon malheu-
reux compagnon d'armes l'injure de le défendre. Tous ceux qui l'ont
connu savent s'il était franc, loyal et dévoué. L'erreur, si elle a
existé, n'a du moins duré qu'un moment, et les regrets qu'a causés
sa perte dureront autant que la vie de ses amis.

» deaux et ses habitans en parfaite sûreté. Il promit,
» quoique avec quelque peine, d'attendre jusqu'au len-
» demain à neuf heures a députation bordelaise.

» On se rappelle que c'est le général Clauzel qui
» m'avait fait appeler. Son motif était celui-ci : Il avait
» été convenu, comme on l'a vu, que le pavillon tri-
» colore ne serait pas arboré à la Bastide avant le
» dimanche matin ; mais le général n'avait point prévu
» que le pavillon blanc flotterait à toutes les croisées
» du port de Bordeaux. C'est ce qui était arrivé au mo-
» ment où MADAME s'y était présentée. Cet incident
» avait décidé le général Clauzel à faire arborer les
» couleurs impériales ; mais il n'avait pas voulu le faire
» sans m'en avertir, afin de n'être pas accusé d'avoir
» manqué à sa parole.

» J'insistai vainement pour obtenir l'exécution de
» notre convention ; l'ordre fut donné de préparer le
» drapeau.

» Cependant le général m'interrogeait vivement sur
» ce qui s'était passé, et sur les causes de cette fusil-
» lade qu'il avait entendue. Je lui dis qu'une partie
» de la garde nationale avait obéi, sans murmure, à
» l'ordre de MADAME ; que l'autre avait trouvé honteux
» de capituler devant une poignée d'hommes, et vou-
» lait résister ; que cette différence de volonté avait
» amené les voies de fait dont il avait été le témoin.

» Le général Clauzel me répondit qu'on avait tort de
» s'occuper de la petite troupe qu'il avait avec lui, que
» ce n'était pas sur elle qu'il comptait ; qu'au besoin
» il entrerait seul en ville ; que depuis plusieurs jours

» la garnison de Bordeaux lui obéissait, et n'obéissait
» qu'à lui.

» Il m'assura qu'à un signal donné ses ordres se-
» raient exécutés, et m'offrit de m'en fournir la preuve
» à l'instant.

» Je n'en eus pas besoin : car, dans ce moment
» même, le drapeau tricolore ayant été arboré à la
» Bastide, un drapeau semblable parut sur les tours
» du Château-Trompette.

Madame se montrait en calèche, au milieu de la garde nationale, entourée de l'état-major de la division. Je savais déjà qu'elle
avait vu les troupes dans les casernes. J'entendais de temps à autre
de grands cris ; je fis aussitôt quelques dispositions de défense.
J'examinai la distance qui me séparait du Château-Trompette,
et je vis bientôt que je pouvais être promptement secouru, en
cas de besoin. La deuxième compagnie des voltigeurs arriva en
cet instant, venant de Blaye avec deux pièces de canon. Ne
m'ayant pas trouvé à Cubzac, elle m'avait suivi jusqu'à la Bastide. Comme je l'ai déjà dit plusieurs fois, ces troupes n'étaient
qu'une simple escorte et un moyen de défense pour moi, car si je
ne voulais pas attaquer, je ne voulais pas être pris.
En regardant avec ma lunette, j'aperçus au pied du mât établi
au Château-Trompette le drapeau tricolore roulé, mais attaché
à la drisse du mât, prêt à être hissé. Je conclus que la garnison
était disposée à l'arborer. Je pensai que je tirerais parti de cette
découverte, et que je pourrais calmer ainsi, et sans suites fâ-
cheuses, l'ardeur guerrière de ceux qui auraient eu la velléité de
m'attaquer.
Dans ce moment plusieurs embarcations m'arrivèrent de divers points de la rive gauche. Madame s'était éloignée depuis
quelque temps ; on avait assassiné le capitaine Troplong quelques momens après son départ. Plusieurs coups de fusil portèrent
leurs balles jusqu'à la Bastide ; et M. de Martignac, que j'avais

fait demander depuis long-temps, arriva pour remplir la mission dont l'avait chargé Madame, et pour me donner des renseignemens sur ce qui venait de se passer à Bordeaux.

Lorsque M. de Martignac voulut me persuader que le bataillon actif et une partie de la garde nationale étaient encore dans l'intention de m'attaquer, je lui démontrai l'absurdité d'un tel projet. Je lui dis : Vous allez juger, monsieur, si cela est possible. Marchez avec moi quelques pas pour nous rapprocher du Château-Trompette, et vous verrez ce qu'on y fera. Un sous-officier attacha son mouchoir de couleur au bout de son fusil; il leva et agita cette arme en vue du château, et à l'instant nous vîmes le drapeau tricolore monter au haut du mât. (J'avais donc bien compris les dispositions de la garnison.)

J'invitai M. de Martignac à rentrer sans perte de temps à Bordeaux, en lui recommandant d'engager les autorités à prendre des mesures pour prévenir des scènes semblables à celle dont je venais d'être témoin, et qui avait fait perdre la vie à un brave homme de la garde nationale.

M. de Martignac me pria de ne pas faire poursuivre Madame lorsqu'elle serait partie. Étonné d'une telle recommandation après ce que j'avais déjà exprimé, je le tranquillisai, en lui disant que mon honneur était intéressé à ce que Son Altesse Royale n'éprouvât rien de fâcheux dans son voyage. En effet, j'avais déjà expédié des ordres à Blaye pour qu'on ne s'opposât pas au passage de Madame, si Son Altesse Royale descendait la Gironde.

« Je quittai le général Clauzel pour retourner à
» Bordeaux.

» En arrivant au port, je fus entouré par une troupe
» d'hommes armés qui voulaient m'obliger à leur ren-
» dre compte de ce que je venais de faire à la Bastide,
» et de ce qui s'était passé entre le général et moi. Ce
» ne fut pas sans peine et sans danger que j'obtins

» un passage; mais je ne pus pas empêcher qu'ils ne
» formassent une escorte tumultueuse pour me con-
» duire au château.

» Madame parut satisfaite en me voyant arriver.
» Elle eut la bonté de me dire qu'elle avait trouvé le
» temps long, et qu'elle avait craint qu'on ne m'eût
» retenu en ôtage.

» Je restai près d'un quart d'heure seul avec Son
» Altesse Royale. Je lui rendis de tout le compte le
» plus fidèle.

» Quand j'eus fini, elle m'engagea à aller prendre
» du repos, et me dit : Vous avez eu depuis deux
» jours bien des fatigues et bien des dangers : je
» vous assure que je n'oublierai jamais ce que vous
» avez fait pour moi.

» Je ne sais pas ce que je répondis : je sortis pré-
» cipitamment, et j'allai chercher au moins le repos
» du corps.

» J'ai su que Madame était partie le soir même; les
» larmes de ceux qui l'avaient accompagnée à Pauillac
» m'apprirent qu'elle s'y était embarquée (1).

---

(1) On a souvent parlé de ce départ; mais personne n'a pu, ne
pourra jamais en donner une juste idée. Cette foule de jeunes Bordelais qui avaient suivi jusqu'à ce moment funeste la Princesse auguste, objet de tant d'amour et de douleur; cette population entière
qui se pressait autour d'elle, qui semblait chercher à la retenir par
ses sanglots et ses pleurs, et lui renouvelait encore ce serment de
fidélité si religieusement gardé dans nos cœurs; cette consternation
profonde; cette expression de désespoir qui se peignait sur toutes
les figures; la Princesse elle-même exhortant au courage et à la ré-

Après le départ de M. de Martignac, j'attendis la députation de la ville, bien convaincu qu'elle ne désirait rien tant, après le départ de Madame, que ma présence à Bordeaux, afin de sortir de l'état d'angoisse et d'incertitude dans lequel on était depuis plusieurs jours.

Le passage de Bordeaux à la Bastide fut fréquent. Les embarcations se succédaient les unes aux autres : on me les offrait pour entrer dans la ville : je les refusai, pour qu'on ne pût supposer que je voulais hâter le départ de Madame.

La députation de Bordeaux annoncée par M. de Martignac, arriva qu'il était nuit, pour me demander mes ordres, et pour connaître l'heure de mon entrée dans la ville, où l'on voulait me rendre les honneurs dus à mes fonctions. Je crus, dans cette circonstance, devoir épargner à Bordeaux ces vaines démonstrations, et j'annonçai que j'avais le projet d'entrer le lendemain à midi, seul et sans troupes ; ce que je fis.

La députation m'exprima le vif désir qu'elle éprouvait, pour la sûreté des habitans, de voir désarmer les hommes du bataillon actif, sur lequel on avait si mal à propos compté. Je la rassurai, en lui disant que ces hommes abandonneraient dès le lendemain, et d'eux-mêmes, les armes qu'on leur avait si imprudemment confiées, et dont ils s'étaient si mal servis.

J'ai su que le général Clauzel était entré le lendemain ; je n'allai point le voir.

---

signation ceux qu'elle était forcée de fuir, répondant à tant de larmes par ses larmes, aux sermens de fidélité par des promesses de souvenir ; jetant son panache blanc au milieu de ses gardes, qui le partagent entre eux avec les transports de l'amour et le respect dû aux choses saintes ; s'écriant, pour les rappeler à la vie par l'espérance : « Adieu ; quand je reviendrai, je vous reconnaîtrai tous ; oui, soyez » sûrs que je vous reconnaîtrai tous ; » ce mouvement involontaire et spontané qui fit tomber à genoux tous les témoins de cette scène auguste et déchirante : voilà ce qu'il est aussi impossible de peindre que d'oublier.

Le lundi matin, il m'envoya d'abord un gendarme, puis un officier, pour m'engager à passer chez lui.

J'obéis : il me reçut avec politesse et m'invita à le voir souvent, et à l'aider de mes avis, dans une ville où il était étranger.

Je le remerciai de la confiance qu'il voulait bien avoir en moi; mais je m'excusai en annonçant mon départ pour la campagne.

Je partis en effet. J'ai lu dans les journaux la relation des événemens des 31 mars et 1er avril, et j'ai senti le besoin d'en faire une relation exacte et détaillée.

Ma tâche est remplie. J'affirme que mon récit est sincère, et que c'est dans celui-là qu'il faut chercher la vérité.

NOTICE SUPPLÉMENTAIRE

DE M. DE MARTIGNAC.

J'ÉTAIS retiré dans l'Agenais. C'est là que je lus dans les journaux de Paris la relation des faits dont j'avais été le témoin. Cette relation était inexacte et fausse : elle était injurieuse pour Bordeaux, et me blessait personnellement, parce qu'elle dénaturait la mission que j'avais remplie.

Je sentis le besoin de faire connaître la vérité, et je rédigeai la notice qu'on vient de lire.

Cependant je fus instruit qu'un homme puissant à la cour de Napoléon, et avec qui ma famille avait eu des liaisons d'amitié, trompé, sans doute, par de faux rapports, avait fait à son maître l'éloge de ma conduite, et parlait, dans quelque lettre, d'une récompense qui m'était destinée.

Je frémis, et je partis sur-le-champ pour Bordeaux.
J'allai directement chez le général Clauzel ; je le
trouvai avec les généraux Harispe, Lafon-Blaniac, et
Barbot. Je lui fis part de l'objet de ma visite ; je me
plaignis de l'infidélité du récit consigné dans les journaux, et je lui rappelai les faits véritables. Il reconnut
la justice de mes observations. Je lui demandai alors
l'autorisation de faire insérer dans le journal de Bordeaux une courte lettre, dans laquelle je déclarais que
les relations des journaux de Paris contenaient des
inexactitudes graves, surtout pour ce qui m'était personnel. Il y consentit sans difficulté, et m'autorisa à
m'assurer, de sa part, le propriétaire du journal (1).
J'y courus. Le propriétaire voulut une autorisation
formelle. J'écrivis au général pour la lui demander ;
voici sa réponse que j'ai conservée :

---

(1) Je ne dois pas passer sous silence un fait qui paraîtra digne
de remarque. Pendant que le général Clauzel parlait avec quelqu'un
qui venait d'entrer, le général Lafon-Blaniac s'approcha de moi,
et me dit : « Vous êtes bien heureux de pouvoir réclamer et protester. Le général Harispe et moi ne le pouvons pas, et cependant
nous en avons sujet plus que personne. Vous avez vu dans l'*Indicateur*, que nous avons profité du premier courrier pour adresser à Napoléon les assurances de notre dévouement et d'une fidélité inaltérable. Je vous jure qu'il n'y a pas un mot de vrai dans cette
allégation, et que nous n'avons rien écrit de semblable. » Le général Harispe était présent à cet entretien, et ne dit rien pour nier
ni pour affirmer ce que disait le général Lafon-Blaniac.

4.

« Le général Clauzel ne s'oppose pas à ce qu'on
» écrive et imprime tout ce que l'on voudra, sur le
» rapport qui a été fait des circonstances qui ont pré-
» cédé son entrée à Bordeaux.

» Bordeaux, le 19 avril 1815.

« *Signé*, CLAUZEL. »

Je retournai, avec cette réponse, au bureau du
journal. Elle ne parut pas suffisante; mais on alla
consulter le chef de la police. Celui-ci traça au jour-
naliste la réponse qu'il devait faire : « Je n'ai point mis
» dans ma feuille la relation dont vous vous plaignez;
» je ne peux pas y insérer la protestation : adressez-la
» aux journaux de Paris. »

Déchu de toute espérance de ce côté, je me déterminai à faire imprimer ma lettre séparément. Je m'a-
dressai à l'imprimeur Lavigne, dont les sentimens
m'étaient connus. Il me dit qu'il lui fallait une autorisation du préfet. Je lui montrai la déclaration du
Conseil-d'État qui proclamait la liberté de la presse. Il
me répondit en me montrant des instructions posté-
rieures qui réglaient la conduite des imprimeurs.

J'écrivis à M. Fauché : je le priai de ne pas me faire
attendre sa réponse; il me l'envoya le soir même; la
voici :

« Monsieur, je n'ai le droit d'autoriser ni de dé-
» fendre la publication, par la voie de l'impression,
» d'un écrit revêtu de la signature de l'imprimeur;

» c'est la seule garantie exigée. » Agréez, etc. *Signé,*
» Fauché. »

Les derniers mots de cette lettre parurent à M. Lavigne un avertissement suffisant, et je reconnus que,
dans sa position particulière, il devait être plus pru-
dent qu'un autre.

Je repris mon manuscrit, et je m'adressai à M. La-
wal jeune. Celui-ci me dit qu'il s'attachait à mon sort,
et consentait à courir la même chance que moi. Il se
chargea d'imprimer ma lettre.

Nous étions au 20 avril. Je tremblais de voir se
réaliser la menace d'une récompense. J'écrivis à
l'homme puissant dont j'ai déjà parlé la courte lettre
que voici :

« Monsieur le comte.

» J'arrive de l'Agenais; je viens d'apprendre que
» M. T..... a reçu une lettre dans laquelle il est ques-
» tion d'une récompense qui me serait destinée pour
» la conduite que j'ai tenue dans les derniers évé-
» nemens de Bordeaux. Je m'empresse de vous écrire
» pour vous déclarer que la relation qui a été faite
» de ces événemens est inexacte, et pour vous sup-
» plier, au nom de l'amitié que vous avez bien voulu
» témoigner à ma famille, d'empêcher qu'on ne m'ac-
» corde une récompense qui pourrait être mal
» interprétée, et que je me verrais contraint de
» refuser.

« J'ai l'honneur, etc. »

Je lisais la copie de cette lettre, sur la place de la comédie, à Bordeaux, à un assez grand nombre d'individus réunis, parmi lesqnels se trouvaient MM. Dangeard, Bley, Vernejoul, et de Laville (1), lorsqu'on me remit un paquet venant de la préfecture, et qui m'était adressé.

Je le décachetai, et j'y trouvai un décret de Napoléon qui me nommait chevalier de la Légion-d'Honneur.

Jamais arrêt de mort n'a été reçu avec plus d'effroi et d'horreur. Je protestai hautement, et devant tous ceux qui s'étaient successivement assemblés, contre cette flétrissante marque d'honneur, que je repoussai avec une indignation dont je ne peux pas rappeler ici l'expression.

------

(1) En rappelant ici le nom de M. de Laville, je ne puis m'empêcher de dire un mot du dernier article qui a paru dans le *Mémorial bordelais* du 1er avril. Déjà le bruit du canon avait annoncé l'approche de l'ennemi et l'imminence du danger ; déjà le cri de parjure et de trahison s'était fait entendre non loin de nous. C'est dans ce moment que M. de Laville a le courage d'imprimer et de publier la plus noble et la plus énergique profession de foi. Jamais le respect et l'amour pour le meilleur des Rois, jamais le mépris et l'horreur pour le tyran et l'indignation contre ses complices, ne furent exprimés avec plus de force, de feu et de vérité. M. de Laville ne se dissimulait pas le péril qu'il appelait sur sa tête; mais sa résolution était prise. «Mon père est mort sous la hache révolu-» tionnaire, disait-il, et j'ambitionne d'être jugé digne du même » honneur, si le disciple et le successeur de Robespierre venait à » triompher.» Heureusement pour ceux à qui le talent et le courage sont chers, cette noble ambition n'a pas été satisfaite.

Mes protestations furent rapportées à la police, et quelques hommes obligeans vinrent m'en avertir. Je me déterminai à quitter Bordeaux; mais non sans avoir complété mon ouvrage.

Je retirai des mains de l'imprimeur cinq cents exemplaires de ma réclamation contre la relation des journaux de Paris. Je les distribuai moi-même, aidé de mes amis; et ce devoir rempli, j'abandonnai cette ville de deuil et de larmes, pour n'y revenir que lorsque mon dévouement pourrait y être utile, ou lorsque le triomphe de l'honneur et de la vertu y aurait ramené le bonheur et la paix.

Peu de jours après, je reçus d'un employé de la police de Paris une lettre écrite avant l'arrivée de la mienne, et où l'on me parlait encore de faveur, de perspective, de brillante carrière. Je pouvais m'en remettre, pour la réponse, à ce que j'avais déjà écrit; mais je ne voulus pas laisser d'incertitude. Je répondis que dans tout ce que j'avais fait, je n'avais été que le mandataire, le délégué de MADAME; que je n'avais agi que pour elle, d'après ses ordres; qu'il n'y avait rien là qui pût mériter la faveur de Napoléon, et que j'étais irrévocablement décidé à n'en pas profiter.

Depuis ce moment, je n'ai eu d'offres, ni de lettres; j'ai continué à vivre retiré, jusqu'aux premiers jours de juillet, n'ayant plus que la crainte des punitions, bien préférable pour moi à celles des récompenses.

N. B. Je ne parle pas ici de ce qui s'est passé à Bordeaux pendant le séjour du général Clauzel, et des événemens qui ont précédé et accompagné le retour de la couleur chérie. Ce récit important doit être le sujet d'une relation particulière.

DERNIÈRE NOTE

DU GÉNÉRAL CLAUZEL.

Après la bataille de Waterloo et le départ de l'empereur, les habitans de Bordeaux, particulièrement le commerce, m'offrirent plusieurs fois de charger une députation qui se rendait à Paris, de prendre ma défense auprès du Roi, pour me soustraire au danger d'une accusation ou d'une proscription. Un personnage que je ne nommerai point, me proposa même d'aller solliciter en ma faveur l'intérêt d'une auguste Princesse. N'ayant point abandonné le Roi, ni servi l'empereur avant le 23 mars, incapable de trahison dans aucun temps ni dans aucune circonstance, je crus devoir refuser ces offres généreuses, me contentant d'y voir en particulier une preuve honorable de l'estime que j'avais su inspirer à une grande population dans des momens bien difficiles. Ma conscience ne me reprochait rien ; et, dans l'alternative d'être chargé d'un soupçon qui eût été insupportable pour moi, ou d'être proscrit, je donnai sans hésiter la préférence à la proscription.

Je termine en déclarant que ma conduite en 1815 ne me laisse aucun regret, parce que je crois avoir rempli mes devoirs et mes sermens comme citoyen et comme général. Je me complais même dans quelques souvenirs du bien que j'ai fait à cette époque. Enfin, je me plais à dire qu'il n'est entré et n'entrera jamais dans mon cœur le moindre ressentiment contre ceux qui m'ont jugé et condamné bien précipitamment, quoiqu'ils ne pussent ignorer que je n'avais servi qu'après le 23 mars, et que l'un d'eux sût très-bien qu'il m'avait lui-même excité, dans le cabinet du ministre, à recevoir le commandement de la onzième division militaire, qui me fut offert en sa présence.

Et maintenant voilà les faits, voilà la vérité. On peut juger si le général Clauzel mérite les reproches qu'on lui adresse, les imputations dont il est l'objet, et que l'autorité n'a pas fait démentir.

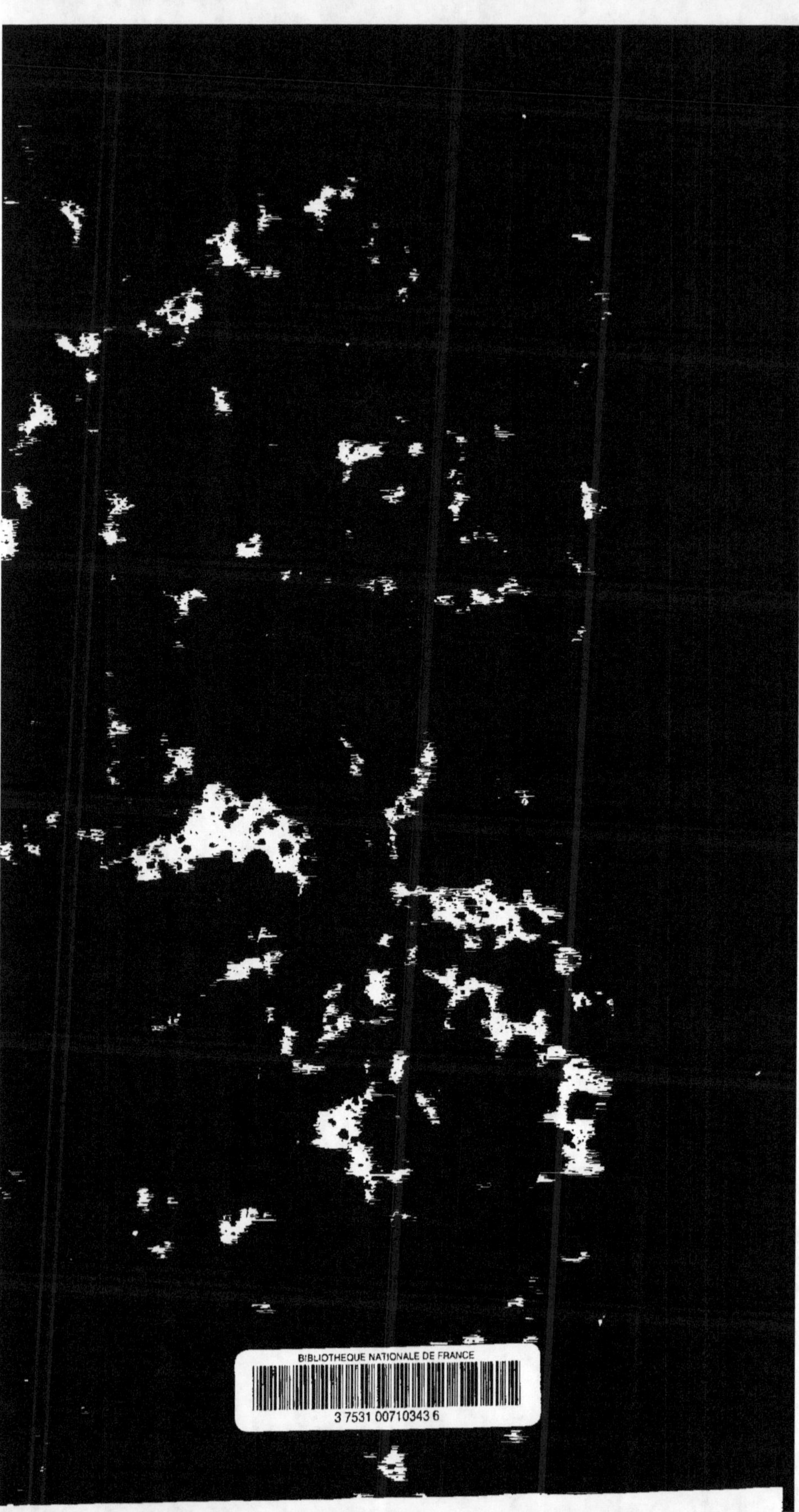
BIBLIOTHEQUE NATIONALE DE FRANCE
3 7531 00710343 6